Name:

Address:

Vehicle Make:

Vehicle model:

Vehicle registration:

MILEAGE LOG

Total mileage

Date:	Time:

Destination:

Description:

Odometer start:	Odometer finish:

Date:	Time:

Destination:

Description:

Odometer start:	Odometer finish:

Date:	Time:

Destination:

Description:

Odometer start:	Odometer finish:

Date:	Time:

Destination:

Description:

Odometer start:	Odometer finish:

Date:	Time:

Destination:

Description:

Odometer start:	Odometer finish:

MILEAGE LOG

Total mileage

Date: Time:

Destination:

Description:

Odometer start: Odometer finish:

Date: Time:

Destination:

Description:

Odometer start: Odometer finish:

Date: Time:

Destination:

Description:

Odometer start: Odometer finish:

Date: Time:

Destination:

Description:

Odometer start: Odometer finish:

Date: Time:

Destination:

Description:

Odometer start: Odometer finish:

MILEAGE LOG

Total mileage

Date: Time:

Destination:

Description:

Odometer start: Odometer finish:

Date: Time:

Destination:

Description:

Odometer start: Odometer finish:

Date: Time:

Destination:

Description:

Odometer start: Odometer finish:

Date: Time:

Destination:

Description:

Odometer start: Odometer finish:

Date: Time:

Destination:

Description:

Odometer start: Odometer finish:

MILEAGE LOG

Total mileage

Date: Time:

Destination:

Description:

Odometer start: Odometer finish:

Date: Time:

Destination:

Description:

Odometer start: Odometer finish:

Date: Time:

Destination:

Description:

Odometer start: Odometer finish:

Date: Time:

Destination:

Description:

Odometer start: Odometer finish:

Date: Time:

Destination:

Description:

Odometer start: Odometer finish:

MILEAGE LOG

Total mileage

Date: Time:

Destination:

Description:

Odometer start: Odometer finish:

Date: Time:

Destination:

Description:

Odometer start: Odometer finish:

Date: Time:

Destination:

Description:

Odometer start: Odometer finish:

Date: Time:

Destination:

Description:

Odometer start: Odometer finish:

Date: Time:

Destination:

Description:

Odometer start: Odometer finish:

MILEAGE LOG

Total mileage

Date: Time:

Destination:

Description:

Odometer start: Odometer finish:

Date: Time:

Destination:

Description:

Odometer start: Odometer finish:

Date: Time:

Destination:

Description:

Odometer start: Odometer finish:

Date: Time:

Destination:

Description:

Odometer start: Odometer finish:

Date: Time:

Destination:

Description:

Odometer start: Odometer finish:

MILEAGE LOG

Total mileage

Date: Time:

Destination:

Description:

Odometer start: Odometer finish:

Date: Time:

Destination:

Description:

Odometer start: Odometer finish:

Date: Time:

Destination:

Description:

Odometer start: Odometer finish:

Date: Time:

Destination:

Description:

Odometer start: Odometer finish:

Date: Time:

Destination:

Description:

Odometer start: Odometer finish:

MILEAGE LOG

Total mileage

Date: Time:

Destination:

Description:

Odometer start: Odometer finish:

Date: Time:

Destination:

Description:

Odometer start: Odometer finish:

Date: Time:

Destination:

Description:

Odometer start: Odometer finish:

Date: Time:

Destination:

Description:

Odometer start: Odometer finish:

Date: Time:

Destination:

Description:

Odometer start: Odometer finish:

MILEAGE LOG

Total mileage

Date: Time:

Destination:

Description:

Odometer start: Odometer finish:

Date: Time:

Destination:

Description:

Odometer start: Odometer finish:

Date: Time:

Destination:

Description:

Odometer start: Odometer finish:

Date: Time:

Destination:

Description:

Odometer start: Odometer finish:

Date: Time:

Destination:

Description:

Odometer start: Odometer finish:

MILEAGE LOG

Total mileage

Date: Time:

Destination:

Description:

Odometer start: Odometer finish:

Date: Time:

Destination:

Description:

Odometer start: Odometer finish:

Date: Time:

Destination:

Description:

Odometer start: Odometer finish:

Date: Time:

Destination:

Description:

Odometer start: Odometer finish:

Date: Time:

Destination:

Description:

Odometer start: Odometer finish:

MILEAGE LOG

Total mileage

Date: Time:

Destination:

Description:

Odometer start: Odometer finish:

Date: Time:

Destination:

Description:

Odometer start: Odometer finish:

Date: Time:

Destination:

Description:

Odometer start: Odometer finish:

Date: Time:

Destination:

Description:

Odometer start: Odometer finish:

Date: Time:

Destination:

Description:

Odometer start: Odometer finish:

MILEAGE LOG

Total mileage

Date: Time:

Destination:

Description:

Odometer start: Odometer finish:

Date: Time:

Destination:

Description:

Odometer start: Odometer finish:

Date: Time:

Destination:

Description:

Odometer start: Odometer finish:

Date: Time:

Destination:

Description:

Odometer start: Odometer finish:

Date: Time:

Destination:

Description:

Odometer start: Odometer finish:

MILEAGE LOG

Total mileage

Date: Time:

Destination:

Description:

Odometer start: Odometer finish:

Date: Time:

Destination:

Description:

Odometer start: Odometer finish:

Date: Time:

Destination:

Description:

Odometer start: Odometer finish:

Date: Time:

Destination:

Description:

Odometer start: Odometer finish:

Date: Time:

Destination:

Description:

Odometer start: Odometer finish:

MILEAGE LOG

Total mileage

Date: Time:

Destination:

Description:

Odometer start: Odometer finish:

Date: Time:

Destination:

Description:

Odometer start: Odometer finish:

Date: Time:

Destination:

Description:

Odometer start: Odometer finish:

Date: Time:

Destination:

Description:

Odometer start: Odometer finish:

Date: Time:

Destination:

Description:

Odometer start: Odometer finish:

MILEAGE LOG

Total mileage

Date: Time:

Destination:

Description:

Odometer start: Odometer finish:

Date: Time:

Destination:

Description:

Odometer start: Odometer finish:

Date: Time:

Destination:

Description:

Odometer start: Odometer finish:

Date: Time:

Destination:

Description:

Odometer start: Odometer finish:

Date: Time:

Destination:

Description:

Odometer start: Odometer finish:

MILEAGE LOG

Total mileage

Date: Time:

Destination:

Description:

Odometer start: Odometer finish:

Date: Time:

Destination:

Description:

Odometer start: Odometer finish:

Date: Time:

Destination:

Description:

Odometer start: Odometer finish:

Date: Time:

Destination:

Description:

Odometer start: Odometer finish:

Date: Time:

Destination:

Description:

Odometer start: Odometer finish:

MILEAGE LOG

Total mileage

Date: Time:

Destination:

Description:

Odometer start: Odometer finish:

Date: Time:

Destination:

Description:

Odometer start: Odometer finish:

Date: Time:

Destination:

Description:

Odometer start: Odometer finish:

Date: Time:

Destination:

Description:

Odometer start: Odometer finish:

Date: Time:

Destination:

Description:

Odometer start: Odometer finish:

MILEAGE LOG

Total mileage

Date: Time:

Destination:

Description:

Odometer start: Odometer finish:

Date: Time:

Destination:

Description:

Odometer start: Odometer finish:

Date: Time:

Destination:

Description:

Odometer start: Odometer finish:

Date: Time:

Destination:

Description:

Odometer start: Odometer finish:

Date: Time:

Destination:

Description:

Odometer start: Odometer finish:

MILEAGE LOG

Total mileage

Date: Time:

Destination:

Description:

Odometer start: Odometer finish:

Date: Time:

Destination:

Description:

Odometer start: Odometer finish:

Date: Time:

Destination:

Description:

Odometer start: Odometer finish:

Date: Time:

Destination:

Description:

Odometer start: Odometer finish:

Date: Time:

Destination:

Description:

Odometer start: Odometer finish:

MILEAGE LOG

Total mileage

Date: Time:

Destination:

Description:

Odometer start: Odometer finish:

Date: Time:

Destination:

Description:

Odometer start: Odometer finish:

Date: Time:

Destination:

Description:

Odometer start: Odometer finish:

Date: Time:

Destination:

Description:

Odometer start: Odometer finish:

Date: Time:

Destination:

Description:

Odometer start: Odometer finish:

MILEAGE LOG

Total mileage

Date: Time:

Destination:

Description:

Odometer start: Odometer finish:

Date: Time:

Destination:

Description:

Odometer start: Odometer finish:

Date: Time:

Destination:

Description:

Odometer start: Odometer finish:

Date: Time:

Destination:

Description:

Odometer start: Odometer finish:

Date: Time:

Destination:

Description:

Odometer start: Odometer finish:

MILEAGE LOG

Total mileage

Date: Time:

Destination:

Description:

Odometer start: Odometer finish:

Date: Time:

Destination:

Description:

Odometer start: Odometer finish:

Date: Time:

Destination:

Description:

Odometer start: Odometer finish:

Date: Time:

Destination:

Description:

Odometer start: Odometer finish:

Date: Time:

Destination:

Description:

Odometer start: Odometer finish:

MILEAGE LOG

Total mileage

Date: Time:

Destination:

Description:

Odometer start: Odometer finish:

Date: Time:

Destination:

Description:

Odometer start: Odometer finish:

Date: Time:

Destination:

Description:

Odometer start: Odometer finish:

Date: Time:

Destination:

Description:

Odometer start: Odometer finish:

Date: Time:

Destination:

Description:

Odometer start: Odometer finish:

MILEAGE LOG

Total mileage

Date:　　　　　　　　　　　　　Time:

Destination:

Description:

Odometer start:　　　　　　　　Odometer finish:

Date:　　　　　　　　　　　　　Time:

Destination:

Description:

Odometer start:　　　　　　　　Odometer finish:

Date:　　　　　　　　　　　　　Time:

Destination:

Description:

Odometer start:　　　　　　　　Odometer finish:

Date:　　　　　　　　　　　　　Time:

Destination:

Description:

Odometer start:　　　　　　　　Odometer finish:

Date:　　　　　　　　　　　　　Time:

Destination:

Description:

Odometer start:　　　　　　　　Odometer finish:

MILEAGE LOG

Total mileage

Date: Time:

Destination:

Description:

Odometer start: Odometer finish:

Date: Time:

Destination:

Description:

Odometer start: Odometer finish:

Date: Time:

Destination:

Description:

Odometer start: Odometer finish:

Date: Time:

Destination:

Description:

Odometer start: Odometer finish:

Date: Time:

Destination:

Description:

Odometer start: Odometer finish:

MILEAGE LOG

Total mileage

Date: Time:

Destination:

Description:

Odometer start: Odometer finish:

Date: Time:

Destination:

Description:

Odometer start: Odometer finish:

Date: Time:

Destination:

Description:

Odometer start: Odometer finish:

Date: Time:

Destination:

Description:

Odometer start: Odometer finish:

Date: Time:

Destination:

Description:

Odometer start: Odometer finish:

MILEAGE LOG

Total mileage

Date: Time:

Destination:

Description:

Odometer start: Odometer finish:

Date: Time:

Destination:

Description:

Odometer start: Odometer finish:

Date: Time:

Destination:

Description:

Odometer start: Odometer finish:

Date: Time:

Destination:

Description:

Odometer start: Odometer finish:

Date: Time:

Destination:

Description:

Odometer start: Odometer finish:

MILEAGE LOG

Total mileage

Date: Time:

Destination:

Description:

Odometer start: Odometer finish:

Date: Time:

Destination:

Description:

Odometer start: Odometer finish:

Date: Time:

Destination:

Description:

Odometer start: Odometer finish:

Date: Time:

Destination:

Description:

Odometer start: Odometer finish:

Date: Time:

Destination:

Description:

Odometer start: Odometer finish:

MILEAGE LOG

Total mileage

Date: Time:

Destination:

Description:

Odometer start: Odometer finish:

Date: Time:

Destination:

Description:

Odometer start: Odometer finish:

Date: Time:

Destination:

Description:

Odometer start: Odometer finish:

Date: Time:

Destination:

Description:

Odometer start: Odometer finish:

Date: Time:

Destination:

Description:

Odometer start: Odometer finish:

MILEAGE LOG

Total mileage

Date: Time:

Destination:

Description:

Odometer start: Odometer finish:

Date: Time:

Destination:

Description:

Odometer start: Odometer finish:

Date: Time:

Destination:

Description:

Odometer start: Odometer finish:

Date: Time:

Destination:

Description:

Odometer start: Odometer finish:

Date: Time:

Destination:

Description:

Odometer start: Odometer finish:

MILEAGE LOG

Total mileage

Date: Time:

Destination:

Description:

Odometer start: Odometer finish:

Date: Time:

Destination:

Description:

Odometer start: Odometer finish:

Date: Time:

Destination:

Description:

Odometer start: Odometer finish:

Date: Time:

Destination:

Description:

Odometer start: Odometer finish:

Date: Time:

Destination:

Description:

Odometer start: Odometer finish:

MILEAGE LOG

Total mileage

Date: Time:

Destination:

Description:

Odometer start: Odometer finish:

Date: Time:

Destination:

Description:

Odometer start: Odometer finish:

Date: Time:

Destination:

Description:

Odometer start: Odometer finish:

Date: Time:

Destination:

Description:

Odometer start: Odometer finish:

Date: Time:

Destination:

Description:

Odometer start: Odometer finish:

MILEAGE LOG

Total mileage

Date: Time:

Destination:

Description:

Odometer start: Odometer finish:

Date: Time:

Destination:

Description:

Odometer start: Odometer finish:

Date: Time:

Destination:

Description:

Odometer start: Odometer finish:

Date: Time:

Destination:

Description:

Odometer start: Odometer finish:

Date: Time:

Destination:

Description:

Odometer start: Odometer finish:

MILEAGE LOG

Total mileage

Date: Time:

Destination:

Description:

Odometer start: Odometer finish:

Date: Time:

Destination:

Description:

Odometer start: Odometer finish:

Date: Time:

Destination:

Description:

Odometer start: Odometer finish:

Date: Time:

Destination:

Description:

Odometer start: Odometer finish:

Date: Time:

Destination:

Description:

Odometer start: Odometer finish:

MILEAGE LOG

Total mileage

Date: Time:

Destination:

Description:

Odometer start: Odometer finish:

Date: Time:

Destination:

Description:

Odometer start: Odometer finish:

Date: Time:

Destination:

Description:

Odometer start: Odometer finish:

Date: Time:

Destination:

Description:

Odometer start: Odometer finish:

Date: Time:

Destination:

Description:

Odometer start: Odometer finish:

MILEAGE LOG

Total mileage

Date: Time:

Destination:

Description:

Odometer start: Odometer finish:

Date: Time:

Destination:

Description:

Odometer start: Odometer finish:

Date: Time:

Destination:

Description:

Odometer start: Odometer finish:

Date: Time:

Destination:

Description:

Odometer start: Odometer finish:

Date: Time:

Destination:

Description:

Odometer start: Odometer finish:

MILEAGE LOG

Total mileage

Date: Time:

Destination:

Description:

Odometer start: Odometer finish:

Date: Time:

Destination:

Description:

Odometer start: Odometer finish:

Date: Time:

Destination:

Description:

Odometer start: Odometer finish:

Date: Time:

Destination:

Description:

Odometer start: Odometer finish:

Date: Time:

Destination:

Description:

Odometer start: Odometer finish:

MILEAGE LOG

Total mileage

Date: Time:

Destination:

Description:

Odometer start: Odometer finish:

Date: Time:

Destination:

Description:

Odometer start: Odometer finish:

Date: Time:

Destination:

Description:

Odometer start: Odometer finish:

Date: Time:

Destination:

Description:

Odometer start: Odometer finish:

Date: Time:

Destination:

Description:

Odometer start: Odometer finish:

MILEAGE LOG

Total mileage

Date: Time:

Destination:

Description:

Odometer start: Odometer finish:

Date: Time:

Destination:

Description:

Odometer start: Odometer finish:

Date: Time:

Destination:

Description:

Odometer start: Odometer finish:

Date: Time:

Destination:

Description:

Odometer start: Odometer finish:

Date: Time:

Destination:

Description:

Odometer start: Odometer finish:

MILEAGE LOG

Total mileage

Date: Time:

Destination:

Description:

Odometer start: Odometer finish:

Date: Time:

Destination:

Description:

Odometer start: Odometer finish:

Date: Time:

Destination:

Description:

Odometer start: Odometer finish:

Date: Time:

Destination:

Description:

Odometer start: Odometer finish:

Date: Time:

Destination:

Description:

Odometer start: Odometer finish:

MILEAGE LOG

Total mileage

Date: Time:

Destination:

Description:

Odometer start: Odometer finish:

Date: Time:

Destination:

Description:

Odometer start: Odometer finish:

Date: Time:

Destination:

Description:

Odometer start: Odometer finish:

Date: Time:

Destination:

Description:

Odometer start: Odometer finish:

Date: Time:

Destination:

Description:

Odometer start: Odometer finish:

MILEAGE LOG

Total mileage

Date:	Time:

Destination:

Description:

Odometer start:	Odometer finish:

Date:	Time:

Destination:

Description:

Odometer start:	Odometer finish:

Date:	Time:

Destination:

Description:

Odometer start:	Odometer finish:

Date:	Time:

Destination:

Description:

Odometer start:	Odometer finish:

Date:	Time:

Destination:

Description:

Odometer start:	Odometer finish:

MILEAGE LOG

Total mileage

Date: Time:

Destination:

Description:

Odometer start: Odometer finish:

Date: Time:

Destination:

Description:

Odometer start: Odometer finish:

Date: Time:

Destination:

Description:

Odometer start: Odometer finish:

Date: Time:

Destination:

Description:

Odometer start: Odometer finish:

Date: Time:

Destination:

Description:

Odometer start: Odometer finish:

MILEAGE LOG

Total mileage

Date: Time:

Destination:

Description:

Odometer start: Odometer finish:

Date: Time:

Destination:

Description:

Odometer start: Odometer finish:

Date: Time:

Destination:

Description:

Odometer start: Odometer finish:

Date: Time:

Destination:

Description:

Odometer start: Odometer finish:

Date: Time:

Destination:

Description:

Odometer start: Odometer finish:

MILEAGE LOG

Total mileage

Date: Time:

Destination:

Description:

Odometer start: Odometer finish:

Date: Time:

Destination:

Description:

Odometer start: Odometer finish:

Date: Time:

Destination:

Description:

Odometer start: Odometer finish:

Date: Time:

Destination:

Description:

Odometer start: Odometer finish:

Date: Time:

Destination:

Description:

Odometer start: Odometer finish:

MILEAGE LOG

Total mileage

Date: Time:

Destination:

Description:

Odometer start: Odometer finish:

Date: Time:

Destination:

Description:

Odometer start: Odometer finish:

Date: Time:

Destination:

Description:

Odometer start: Odometer finish:

Date: Time:

Destination:

Description:

Odometer start: Odometer finish:

Date: Time:

Destination:

Description:

Odometer start: Odometer finish:

MILEAGE LOG

Total mileage

Date: Time:

Destination:

Description:

Odometer start: Odometer finish:

Date: Time:

Destination:

Description:

Odometer start: Odometer finish:

Date: Time:

Destination:

Description:

Odometer start: Odometer finish:

Date: Time:

Destination:

Description:

Odometer start: Odometer finish:

Date: Time:

Destination:

Description:

Odometer start: Odometer finish:

MILEAGE LOG

Total mileage

Date: Time:

Destination:

Description:

Odometer start: Odometer finish:

Date: Time:

Destination:

Description:

Odometer start: Odometer finish:

Date: Time:

Destination:

Description:

Odometer start: Odometer finish:

Date: Time:

Destination:

Description:

Odometer start: Odometer finish:

Date: Time:

Destination:

Description:

Odometer start: Odometer finish:

MILEAGE LOG

Total mileage

Date: Time:

Destination:

Description:

Odometer start: Odometer finish:

Date: Time:

Destination:

Description:

Odometer start: Odometer finish:

Date: Time:

Destination:

Description:

Odometer start: Odometer finish:

Date: Time:

Destination:

Description:

Odometer start: Odometer finish:

Date: Time:

Destination:

Description:

Odometer start: Odometer finish:

MILEAGE LOG

Total mileage

Date: Time:

Destination:

Description:

Odometer start: Odometer finish:

Date: Time:

Destination:

Description:

Odometer start: Odometer finish:

Date: Time:

Destination:

Description:

Odometer start: Odometer finish:

Date: Time:

Destination:

Description:

Odometer start: Odometer finish:

Date: Time:

Destination:

Description:

Odometer start: Odometer finish:

MILEAGE LOG

Total mileage

Date: Time:

Destination:

Description:

Odometer start: Odometer finish:

Date: Time:

Destination:

Description:

Odometer start: Odometer finish:

Date: Time:

Destination:

Description:

Odometer start: Odometer finish:

Date: Time:

Destination:

Description:

Odometer start: Odometer finish:

Date: Time:

Destination:

Description:

Odometer start: Odometer finish:

MILEAGE LOG

Total mileage

Date: Time:

Destination:

Description:

Odometer start: Odometer finish:

Date: Time:

Destination:

Description:

Odometer start: Odometer finish:

Date: Time:

Destination:

Description:

Odometer start: Odometer finish:

Date: Time:

Destination:

Description:

Odometer start: Odometer finish:

Date: Time:

Destination:

Description:

Odometer start: Odometer finish:

MILEAGE LOG

Total mileage

Date: Time:

Destination:

Description:

Odometer start: Odometer finish:

Date: Time:

Destination:

Description:

Odometer start: Odometer finish:

Date: Time:

Destination:

Description:

Odometer start: Odometer finish:

Date: Time:

Destination:

Description:

Odometer start: Odometer finish:

Date: Time:

Destination:

Description:

Odometer start: Odometer finish:

MILEAGE LOG

Total mileage

Date: Time:

Destination:

Description:

Odometer start: Odometer finish:

Date: Time:

Destination:

Description:

Odometer start: Odometer finish:

Date: Time:

Destination:

Description:

Odometer start: Odometer finish:

Date: Time:

Destination:

Description:

Odometer start: Odometer finish:

Date: Time:

Destination:

Description:

Odometer start: Odometer finish:

MILEAGE LOG

Total mileage

Date: Time:

Destination:

Description:

Odometer start: Odometer finish:

Date: Time:

Destination:

Description:

Odometer start: Odometer finish:

Date: Time:

Destination:

Description:

Odometer start: Odometer finish:

Date: Time:

Destination:

Description:

Odometer start: Odometer finish:

Date: Time:

Destination:

Description:

Odometer start: Odometer finish:

MILEAGE LOG

Total mileage

Date: Time:

Destination:

Description:

Odometer start: Odometer finish:

Date: Time:

Destination:

Description:

Odometer start: Odometer finish:

Date: Time:

Destination:

Description:

Odometer start: Odometer finish:

Date: Time:

Destination:

Description:

Odometer start: Odometer finish:

Date: Time:

Destination:

Description:

Odometer start: Odometer finish:

MILEAGE LOG

Total mileage

Date: Time:

Destination:

Description:

Odometer start: Odometer finish:

Date: Time:

Destination:

Description:

Odometer start: Odometer finish:

Date: Time:

Destination:

Description:

Odometer start: Odometer finish:

Date: Time:

Destination:

Description:

Odometer start: Odometer finish:

Date: Time:

Destination:

Description:

Odometer start: Odometer finish:

MILEAGE LOG

Total mileage

Date:　　　　　　　　　　　　　Time:

Destination:

Description:

Odometer start:　　　　　　　　Odometer finish:

Date:　　　　　　　　　　　　　Time:

Destination:

Description:

Odometer start:　　　　　　　　Odometer finish:

Date:　　　　　　　　　　　　　Time:

Destination:

Description:

Odometer start:　　　　　　　　Odometer finish:

Date:　　　　　　　　　　　　　Time:

Destination:

Description:

Odometer start:　　　　　　　　Odometer finish:

Date:　　　　　　　　　　　　　Time:

Destination:

Description:

Odometer start:　　　　　　　　Odometer finish:

MILEAGE LOG

Total mileage

Date: Time:

Destination:

Description:

Odometer start: Odometer finish:

Date: Time:

Destination:

Description:

Odometer start: Odometer finish:

Date: Time:

Destination:

Description:

Odometer start: Odometer finish:

Date: Time:

Destination:

Description:

Odometer start: Odometer finish:

Date: Time:

Destination:

Description:

Odometer start: Odometer finish:

MILEAGE LOG

Total mileage

Date: Time:

Destination:

Description:

Odometer start: Odometer finish:

Date: Time:

Destination:

Description:

Odometer start: Odometer finish:

Date: Time:

Destination:

Description:

Odometer start: Odometer finish:

Date: Time:

Destination:

Description:

Odometer start: Odometer finish:

Date: Time:

Destination:

Description:

Odometer start: Odometer finish:

MILEAGE LOG

Total mileage

Date: Time:

Destination:

Description:

Odometer start: Odometer finish:

Date: Time:

Destination:

Description:

Odometer start: Odometer finish:

Date: Time:

Destination:

Description:

Odometer start: Odometer finish:

Date: Time:

Destination:

Description:

Odometer start: Odometer finish:

Date: Time:

Destination:

Description:

Odometer start: Odometer finish:

MILEAGE LOG

Total mileage

Date: Time:

Destination:

Description:

Odometer start: Odometer finish:

Date: Time:

Destination:

Description:

Odometer start: Odometer finish:

Date: Time:

Destination:

Description:

Odometer start: Odometer finish:

Date: Time:

Destination:

Description:

Odometer start: Odometer finish:

Date: Time:

Destination:

Description:

Odometer start: Odometer finish:

MILEAGE LOG

Total mileage

Date: Time:

Destination:

Description:

Odometer start: Odometer finish:

Date: Time:

Destination:

Description:

Odometer start: Odometer finish:

Date: Time:

Destination:

Description:

Odometer start: Odometer finish:

Date: Time:

Destination:

Description:

Odometer start: Odometer finish:

Date: Time:

Destination:

Description:

Odometer start: Odometer finish:

MILEAGE LOG

Total mileage

Date: Time:

Destination:

Description:

Odometer start: Odometer finish:

Date: Time:

Destination:

Description:

Odometer start: Odometer finish:

Date: Time:

Destination:

Description:

Odometer start: Odometer finish:

Date: Time:

Destination:

Description:

Odometer start: Odometer finish:

Date: Time:

Destination:

Description:

Odometer start: Odometer finish:

MILEAGE LOG

Total mileage

Date: Time:

Destination:

Description:

Odometer start: Odometer finish:

Date: Time:

Destination:

Description:

Odometer start: Odometer finish:

Date: Time:

Destination:

Description:

Odometer start: Odometer finish:

Date: Time:

Destination:

Description:

Odometer start: Odometer finish:

Date: Time:

Destination:

Description:

Odometer start: Odometer finish:

MILEAGE LOG

Total mileage

Date: Time:

Destination:

Description:

Odometer start: Odometer finish:

Date: Time:

Destination:

Description:

Odometer start: Odometer finish:

Date: Time:

Destination:

Description:

Odometer start: Odometer finish:

Date: Time:

Destination:

Description:

Odometer start: Odometer finish:

Date: Time:

Destination:

Description:

Odometer start: Odometer finish:

MILEAGE LOG

Total mileage

Date: Time:

Destination:

Description:

Odometer start: Odometer finish:

Date: Time:

Destination:

Description:

Odometer start: Odometer finish:

Date: Time:

Destination:

Description:

Odometer start: Odometer finish:

Date: Time:

Destination:

Description:

Odometer start: Odometer finish:

Date: Time:

Destination:

Description:

Odometer start: Odometer finish:

MILEAGE LOG

Total mileage

Date: Time:

Destination:

Description:

Odometer start: Odometer finish:

Date: Time:

Destination:

Description:

Odometer start: Odometer finish:

Date: Time:

Destination:

Description:

Odometer start: Odometer finish:

Date: Time:

Destination:

Description:

Odometer start: Odometer finish:

Date: Time:

Destination:

Description:

Odometer start: Odometer finish:

MILEAGE LOG

Total mileage

Date: Time:

Destination:

Description:

Odometer start: Odometer finish:

Date: Time:

Destination:

Description:

Odometer start: Odometer finish:

Date: Time:

Destination:

Description:

Odometer start: Odometer finish:

Date: Time:

Destination:

Description:

Odometer start: Odometer finish:

Date: Time:

Destination:

Description:

Odometer start: Odometer finish:

MILEAGE LOG

Total mileage

Date: Time:

Destination:

Description:

Odometer start: Odometer finish:

Date: Time:

Destination:

Description:

Odometer start: Odometer finish:

Date: Time:

Destination:

Description:

Odometer start: Odometer finish:

Date: Time:

Destination:

Description:

Odometer start: Odometer finish:

Date: Time:

Destination:

Description:

Odometer start: Odometer finish:

MILEAGE LOG

Total mileage

Date: Time:

Destination:

Description:

Odometer start: Odometer finish:

Date: Time:

Destination:

Description:

Odometer start: Odometer finish:

Date: Time:

Destination:

Description:

Odometer start: Odometer finish:

Date: Time:

Destination:

Description:

Odometer start: Odometer finish:

Date: Time:

Destination:

Description:

Odometer start: Odometer finish:

MILEAGE LOG

Total mileage

Date: Time:

Destination:

Description:

Odometer start: Odometer finish:

Date: Time:

Destination:

Description:

Odometer start: Odometer finish:

Date: Time:

Destination:

Description:

Odometer start: Odometer finish:

Date: Time:

Destination:

Description:

Odometer start: Odometer finish:

Date: Time:

Destination:

Description:

Odometer start: Odometer finish:

MILEAGE LOG

Total mileage

Date: Time:

Destination:

Description:

Odometer start: Odometer finish:

Date: Time:

Destination:

Description:

Odometer start: Odometer finish:

Date: Time:

Destination:

Description:

Odometer start: Odometer finish:

Date: Time:

Destination:

Description:

Odometer start: Odometer finish:

Date: Time:

Destination:

Description:

Odometer start: Odometer finish:

MILEAGE LOG

Total mileage

Date:　　　　　　　　　　　　　　Time:

Destination:

Description:

Odometer start:　　　　　　　　　Odometer finish:

Date:　　　　　　　　　　　　　　Time:

Destination:

Description:

Odometer start:　　　　　　　　　Odometer finish:

Date:　　　　　　　　　　　　　　Time:

Destination:

Description:

Odometer start:　　　　　　　　　Odometer finish:

Date:　　　　　　　　　　　　　　Time:

Destination:

Description:

Odometer start:　　　　　　　　　Odometer finish:

Date:　　　　　　　　　　　　　　Time:

Destination:

Description:

Odometer start:　　　　　　　　　Odometer finish:

MILEAGE LOG

Total mileage

Date: Time:

Destination:

Description:

Odometer start: Odometer finish:

Date: Time:

Destination:

Description:

Odometer start: Odometer finish:

Date: Time:

Destination:

Description:

Odometer start: Odometer finish:

Date: Time:

Destination:

Description:

Odometer start: Odometer finish:

Date: Time:

Destination:

Description:

Odometer start: Odometer finish:

MILEAGE LOG

Total mileage

Date: Time:

Destination:

Description:

Odometer start: Odometer finish:

Date: Time:

Destination:

Description:

Odometer start: Odometer finish:

Date: Time:

Destination:

Description:

Odometer start: Odometer finish:

Date: Time:

Destination:

Description:

Odometer start: Odometer finish:

Date: Time:

Destination:

Description:

Odometer start: Odometer finish:

MILEAGE LOG

Total mileage

Date: Time:

Destination:

Description:

Odometer start: Odometer finish:

Date: Time:

Destination:

Description:

Odometer start: Odometer finish:

Date: Time:

Destination:

Description:

Odometer start: Odometer finish:

Date: Time:

Destination:

Description:

Odometer start: Odometer finish:

Date: Time:

Destination:

Description:

Odometer start: Odometer finish:

MILEAGE LOG

Total mileage

Date: Time:

Destination:

Description:

Odometer start: Odometer finish:

Date: Time:

Destination:

Description:

Odometer start: Odometer finish:

Date: Time:

Destination:

Description:

Odometer start: Odometer finish:

Date: Time:

Destination:

Description:

Odometer start: Odometer finish:

Date: Time:

Destination:

Description:

Odometer start: Odometer finish:

MILEAGE LOG

Total mileage

Date: Time:

Destination:

Description:

Odometer start: Odometer finish:

Date: Time:

Destination:

Description:

Odometer start: Odometer finish:

Date: Time:

Destination:

Description:

Odometer start: Odometer finish:

Date: Time:

Destination:

Description:

Odometer start: Odometer finish:

Date: Time:

Destination:

Description:

Odometer start: Odometer finish:

MILEAGE LOG

Total mileage

Date: Time:

Destination:

Description:

Odometer start: Odometer finish:

Date: Time:

Destination:

Description:

Odometer start: Odometer finish:

Date: Time:

Destination:

Description:

Odometer start: Odometer finish:

Date: Time:

Destination:

Description:

Odometer start: Odometer finish:

Date: Time:

Destination:

Description:

Odometer start: Odometer finish:

MILEAGE LOG

Total mileage

Date: Time:

Destination:

Description:

Odometer start: Odometer finish:

Date: Time:

Destination:

Description:

Odometer start: Odometer finish:

Date: Time:

Destination:

Description:

Odometer start: Odometer finish:

Date: Time:

Destination:

Description:

Odometer start: Odometer finish:

Date: Time:

Destination:

Description:

Odometer start: Odometer finish:

MILEAGE LOG

Total mileage

Date: Time:

Destination:

Description:

Odometer start: Odometer finish:

Date: Time:

Destination:

Description:

Odometer start: Odometer finish:

Date: Time:

Destination:

Description:

Odometer start: Odometer finish:

Date: Time:

Destination:

Description:

Odometer start: Odometer finish:

Date: Time:

Destination:

Description:

Odometer start: Odometer finish:

Contacts

Name:

Number:

Address:

Name:

Number:

Address:

Name:

Number:

Address:

Name:

Number:

Address:

Name:

Number:

Address:

Contacts

Name:

Number:

Address:

Name:

Number:

Address:

Name:

Number:

Address:

Name:

Number:

Address:

Name:

Number:

Address:

Contacts

Name:

Number:

Address:

Name:

Number:

Address:

Name:

Number:

Address:

Name:

Number:

Address:

Name:

Number:

Address:

Contacts

Name:

Number:

Address:

Name:

Number:

Address:

Name:

Number:

Address:

Name:

Number:

Address:

Name:

Number:

Address:

Contacts

Name:

Number:

Address:

Name:

Number:

Address:

Name:

Number:

Address:

Name:

Number:

Address:

Name:

Number:

Address:

Contacts

Name:

Number:

Address:

Name:

Number:

Address:

Name:

Number:

Address:

Name:

Number:

Address:

Name:

Number:

Address:

Contacts

Name:

Number:

Address:

Name:

Number:

Address:

Name:

Number:

Address:

Name:

Number:

Address:

Name:

Number:

Address:

Contacts

Name:

Number:

Address:

Name:

Number:

Address:

Name:

Number:

Address:

Name:

Number:

Address:

Name:

Number:

Address:

Contacts

Name:

Number:

Address:

Name:

Number:

Address:

Name:

Number:

Address:

Name:

Number:

Address:

Name:

Number:

Address:

Contacts

Name:

Number:

Address:

Name:

Number:

Address:

Name:

Number:

Address:

Name:

Number:

Address:

Name:

Number:

Address:

Notes

Notes

Notes

Notes

Notes

Notes

Notes

Notes

Notes

Notes

Notes